Exposition Maritime Internationale du Havre

LES
ACTIONS ET OBLIGATIONS
DE LA COMPAGNIE DU
CANAL MARITIME DE SUEZ

PAR

Frédéric **DE CONINCK**

> « Tout ce qui brille n'est pas or ;
> » et le chemin le plus court n'est
> » pas toujours le meilleur. »

PRIX: UN FRANC

JUILLET 1868

Imprimerie — **Alphonse LEMALE**. — Q. d'Orléans, 9.

HAVRE

LES

ACTIONS ET OBLIGATIONS

DE LA COMPAGNIE DU

CANAL MARITIME DE SUEZ

PAR

Frédéric DE CONINCK

« Tout ce qui brille n'est pas or ;
» et le chemin le plus court n'est
» pas toujours le meilleur. »

PRIX : UN FRANC

JUILLET 1868

Imprimerie — **Alphonse LEMALE.** — Q. d'Orléans, 9.

HAVRE

A Monsieur Frédéric de CONINCK
ancien négociant au Havre.

Havre, 25 Juin 1868

Monsieur,

A l'occasion de l'Exposition Maritime Internationale du Havre, je viens vous prier de dire quelle influence vous pensez que l'ouverture, plus ou moins prochaine, du Canal de Suez aura sur le commerce maritime du nord de l'Europe.

Doit-on considérer que le Cap de Bonne-Espérance, doublé pour la première fois en 1497 par Vasco de Gama, va rentrer dans l'oubli d'où ce hardi navigateur l'avait tiré, et qu'il faut se hâter de remplacer les navires à voiles par d'autres à vapeur, afin de pouvoir profiter de la voie nouvelle que le génie de M. Lesseps va ouvrir entre l'Europe et l'Inde? Ou bien les choses resteront-elles à peu près ce qu'elles sont?

Vous avez écrit sur cette question, il y a une dizaine d'années, mais vos brochures ne se trouvant plus dans la librairie et étant ignorées de beaucoup de personnes, vous rendriez service en exposant à nouveau vos vues sur ce sujet, afin que les armateurs puissent juger, en connaissance de cause, de ce qu'ils ont à espérer ou à redouter de l'ouverture du Canal de Suez.

Il résulte d'une Loi, adoptée par le Corps Législatif, il y a peu de jours, que la Compagnie du Canal de Suez va ouvrir très-prochainement une loterie pour une centaine de millions. Les billets, qui se nommeront des *Obligations*, coûteront F. 300 et rapporteront F. 25. Il y en aura 333,333 qui seront, dit-on, remboursés au sort au prix de F. 500 en deux cents tirages trimestriels, commençant le 15 Septembre 1868, et indépendamment de cette prime qui, tôt ou tard, doit échoir à tous les billets, ils auront la chance de gagner des gros lots dont le total annuel s'élèvera à UN MILLION !

Vous rendriez également service, Monsieur, *aux petites bourses* surtout, en les éclairant sur les avantages et les chances que ce placement pourra leur offrir.

Agréez, Monsieur, mes salutations empressées,

X......

LABICHE A SON AMI MARTINET

Les Forges, 18 *Juin* 1868.

M'étant très bien trouvé, mon bon ami, d'avoir, en 1857, suivi tes conseils en vendant mes actions de la *Compagnie Générale Maritime* et *du Crédit Mobilier*, et n'ayant pas eu moins à me féliciter de m'être débarrassé, en 1859, à F. 535, de cent actions de la Compagnie du Canal de Suez, souscrites avant d'avoir lu tes « *Lettres sur le percement de l'Isthme de Suez, avis aux petites bourses* » je viens te prier de me dire, en ami, si tu me conseilles de racheter cent actions Suez à F. 435, comme je puis le faire aujourd'hui, ou si tu es plutôt d'avis que je mette mon argent dans ces cent millions *Obligations* que la Compagnie du Canal de Suez n'a pu placer à 8,59 % et auxquelles elle vient d'être autorisée, par une loi spéciale, à ajouter *des Primes*, jusqu'à concurrence d'un million annuellement (*).

(*) Le projet de loi autorisait la Compagnie de Suez, à émettre des Obligations à primes pour plus de cent Millions, mais la Commission a exigé la limitation à ce chiffre, supposé suffisant.

L'Exposé des Motifs de la loi dit :
... « Toutefois la Société du Canal de Suez n'est pas et ne
» peut pas être une Société française. D'origine nationale, elle
» travaille sur un territoire étranger dans un but international,
» pour le commerce de tous les pays et pour le progrès géné-
» ral de la civilisation. Elle s'intitule Compagnie Universelle ;
» son siége est à Alexandrie. Sous réserve d'obéir aux lois de
» la France, en tant qu'elle agit en France où son administra-
» tion est constituée, elle doit garder entières son indépen-
» dance et sa responsabilité.
» Aussi ne pouvions-nous songer à proposer au Corps
» Législatif de lui prêter un concours qui aurait pu avoir
» pour conséquence, ou même seulement pour apparence,
» l'immixtion directe ou indirecte de l'Etat dans ses affaires,
» ou la garantie par l'Etat à un dégré quelconque, soit de
» l'entreprise, soit de l'emprunt.

L'entreprise est si glorieuse pour les Français qui, d'ici à peu d'années, vont la mener à bonne fin à la barbe des Anglais, qui l'avaient déclarée impossible, que je tiens beaucoup à y avoir intérêt ; mais tenant cependant d'avantage encore à ne pas enterrer une somme aussi ronde dans les sables du désert, je serais bien aise d'avoir ton sentiment sur la meilleure manière de l'engager.

Avoir plus de 8 $^1/_2$ % de mon argent, avec la chance de gagner le gros lot à la loterie des primes, serait déjà bien gentil, mais pourquoi m'en contenter, alors qu'il résulte d'un document aussi sérieux que l'est le Rapport de l'honorable M. Larrabure sur la loi que le Corps Législatif vient de voter en faveur du Canal de Suez, que les produits de cette Compagnie seront au moins de SOIXANTE MILLIONS brut, et de QUARANTE MILLIONS net, soit 20 % sur le capital de 200 Millions actions (*).

La perspective de 20 % pour les Actionnaires émane d'une source si respectable que je n'aurais pas hésité à faire acheter des *Actions* avant la hausse que le Rapport de l'honorable député de Pau pourra produire, si dans

---

(*) L'honorable M. Larrabure dit dans son Rapport :

« Est-il téméraire d'affirmer que le passage annuel du » Canal de Suez sera *au moins* de Six Millions de Tonneaux et » que cette estimation restera probablement bien au-dessous de » la réalité ? » Mais il ajoute « que la Commission n'en sait » que ce que MM. les Présidents du Conseil d'Administration » de la Compagnie du Canal de Suez lui en ont dit, et qu'elle » n'en prend aucune responsabilité, même morale : que c'est à » chacun, à ses risques et périls, à prendre part à l'emprunt » s'il veut lui accorder sa participation. »

la discussion de la loi je n'avais vu élever des doutes sur le bien fondé de ses appréciations.

Il est vrai que ces doutes sont venus de la Gauche, habituée à faire de l'opposition quand même, mais il faut bien reconnaître que ce qui sort de cette petite phalange a généralement un caractère de verité et d'honnêteté à l'influence duquel on cherche vainement à se soustraire; et si ces hommes de si incontestable mérite cessaient de faire une opposition systématique je crois qu'ils rempliraient mieux le but qu'ils se proposent, d'être utiles au pays et d'empêcher parfois ses gouvernants de se fourvoyer. Car, vois-tu, je suis de ceux qui pensent que les gouvernements ne tombent généralement que par l'accumulation de leurs fautes, lesquelles créent un mécontentement légitime et donnent beau jeu à leurs ennemis. Or, comme je tiens beaucoup à la conservation de notre gouvernement, ne voyant pas bien où nous irions en chercher un meilleur, je crois que ceux qui le critiquent avec opportunité, justice et modération servent mieux les intérêts de la patrie que les optimistes, qui érigent en principe qu'il faut l'approuver quoiqu'il fasse ou ne fasse pas.

Je serai donc bien aise d'avoir ton avis, mon cher Martinet, et si tu n'as pas le temps de me le motiver dans une lettre, borne-toi à m'expédier un télégramme avec ce seul mot: *Actions* ou *Obligations*, je saurai très bien ce que cela voudra dire et à mon tour j'adresserai une dépêche à mon Agent de Change à Paris ; mais hâte-toi je t'en prie, car je te le réitère, dès que les 60 millions de revenus seront connus il y a toute probabilité de voir les Actions remonter à F. 535 et peut-être bien au-delà, car 20 $^0/_0$ est un placement que l'on ne trouve

pas tous les jours, surtout quand l'argent est à 2 %
et que plus de F. 1,200,000,000 restent sans emploi à
la Banque de France.

Voir une Compagnie, qui aura, dit on, 20 % de revenus net, ne pas trouver à emprunter à plus de $8^1/_2$ % sans
ouvrir un *bureau de loterie*, est vraiment inconcevable,
et j'éprouve, parole d'honneur, une véritable humilia-
tion de vivre, dans ce siècle de lumières, au milieu d'un
public si peu éclairé.

ton vieux camarade

LABICHE.

MARTINET A LABICHE

Brives-la-Gaillarde 20 *Juin* 1868.

Si je ne t'ai pas envoyé de télégramme, mon cher Labiche, c'est que je n'ai malheureusement que trop de loisir pour te dire, en long et en large, mon opinion sur les *Actions* et les *Obligations* de la Compagnie du Canal de Suez. Notre Usine ne travaille que trois jours la semaine et seulement pour procurer du pain à nos ouvriers, car, malgré notre production réduite, nous ne pouvons écouler qu'en consentant à changer cinq centimes contre un sol.

Si tu me demandais d'où vient ce marasme industriel, en présence d'un véritable pléthore de capitaux, et alors que les apparences d'une belle récolte devraient inspirer une grande confiance dans l'avenir, je te répondrais : que je n'en sais absolument rien et que c'est en vain que je demande le mot de l'enigme à tous les échos d'alentour.

Le Sous-Préfet assure que c'est le fait des anciens partis ; tandis que le Chef de gare, qui est un disciple du père Enfantin, affirme que les choses marcheraient bien mieux si, ainsi que l'avait proposé son illustre maître, la femme avait été émancipée ; le Curé attribue tout le mal aux Bibliothèques populaires, alors que le Percepteur, qui est libre penseur, prétend que la Société ne saurait marcher tant qu'elle ne sera pas débarrassée de la dernière calotte ; le Capitaine de Gendarmerie, vieux grognard, mais le meilleur homme du monde, avec les honnêtes gens, dit à son tour, que si l'Empereur avait voulu le croire, le Chassepot ferait en ce moment merveille de l'autre coté du Rhin et qu'ayant la guerre, bel et bien, nous serions délivrés de la crainte de l'avoir. Tâche si tu peux, de faire jaillir la lumière de ce choc d'opinions, car je n'y vois pas clair du tout et j'en suis réduit à penser que les affaires ne vont mal que parce qu'elles ne vont pas bien, et que, Dieu aidant, elles iront bientôt mieux, absolument comme après de longues pluies revient le beau temps sans dire pourquoi il s'était éclipsé. On est en train à Paris, dit-on, de nettoyer plus d'une étable d'Augias et cela aussi pourra peut-être contribuer à ramener la confiance.

Mais laissons ces digressions inutiles pour en venir à tes questions relatives à la *Compagnie du Canal de Suez*, puisque tu tiens tant à y rentrer.

Je suis charmé d'apprendre que mes petits opuscules de 1857 et 1858 sur la *Compagnie Générale Maritime*, le *Crédit Mobilier* et le *Percement de l'Isthme de Suez* t'ont été utiles et que, partageant ma manière de voir sur ces Sociétés, tu as tiré ton épingle du jeu, en gagnant même quelque chose là où bien d'autres ont laissé des économies péniblement amassées.

Quand on ne prend la plume que pour faire profiter le public de ce que plus de douze lustres donnent d'expérience et de connaissance des hommes et des choses, il y a une grande satisfaction à apprendre que l'on n'a pas tout-à-fait manqué son but et que les faits sont venus sanctionner les prévisions.

Je n'ai jamais mis en doute la possibilité de creuser un Canal de grande navigation à travers l'Isthme de

Suez, en y mettant le temps et les capitaux nécessaires;
et, comme tout le monde, j'ai admiré cette entreprise,
à un point de vue esthétique. Voici du reste ce que j'en
disais en 1858, dans mes *Lettres sur le Percement de
l'Isthme de Suez, avis aux petites bourses.*

« Je sais autant que tout autre m'enthousiasmer à
» l'idée de voir accomplir une des plus grandes entre-
» prises de ce siècle, et je sais aussi rendre hommage
» au génie, à l'énergie et à l'admirable persévérance de
» son digne fondateur. S'il en avait fait une simple
» affaire d'utilité publique, j'y aurais apporté mon obole
» avec bonheur; mais dès qu'il s'agit de séduire des
» souscripteurs en les berçant de l'espoir de *gros reve-*
» *nus,* je me crois pleinement autorisé à prémunir les
» petites bourses contre un entraînement qui pourrait
» leur être fatal.

» M. de Lesseps n'a assurément voulu tromper
» personne; mais je crois qu'il s'est trompé.

» Je me propose d'examiner s'il y a une base soli-
» de sur laquelle les Actionnaires puissent établir la
» certitude de ne pas voir excéder la dépense de *deux-*
» *cents millions,* et qu'elle serait pour eux l'inévitable
» conséquence d'une erreur. J'examinerai ensuite si
» l'on est bien fondé à annoncer dans les journaux que
» le revenu approximatif de l'entreprise est évalué à
» Quarante Millions de francs. »

. . . .

. . . .

« Les calculs de M. de Lesseps peuvent être justes,
» ils peuvent aussi être *très erronnés*; et on peut
» admettre, sinon la probabilité, au moins la possibilité

» qu'il faudra 250 à 300 Millions, ou bien d'avantage
» peut-être, pour rendre le Canal de Suez navigable.
» Or, si les prévisions se trouvaient excédées, ainsi
» qu'elles l'ont été dans toutes les entreprises de ce
» genre, que deviendrait la Société qui se forme au ca-
» pital de deux cents millions? N'est-il pas évident
» qu'elle serait absorbée par une nouvelle Société qui
» viendrait fournir le complément de fonds, comme
» cela a eu lieu pour le tunnel sous la Tamise et bien
» plus récemment pour le *Great-Eastern?* Les premiers
» Actionnaires pourraient donc perdre tout ou presque
» tout, et une éventualité de ce genre semble devoir
» éloigner de la souscription d'Actions pour le Canal
» de Suez, tous ceux pour lesquels une semblable perte
» serait sérieuse. C'est essentiellement une entreprise
» dont les chances ne peuvent être acceptées que par
» *les grosses bourses,* dont les propriétaires peuvent, le
» cas échéant, voir d'un œil sec l'anéantissement de
» leurs Actions, et se contenter de la gloire d'avoir
» contribué à une grande et noble entreprise. (*) »

Tu conviendras qu'il n'y avait pas là de quoi fâcher
l'honorable M. Ferdinand de Lesseps, et cependant
voici comment il m'a traité dans son journal l'*Isthme
de Suez* qui se rédige dans ses bureaux :

« Le petit libelle de M. de Coninck excelle par trois
» qualités également glorieuses : *la déraison, l'ignorance*
» et *la mauvaise foi*, etc. »

Il y a près de dix ans que ces choses ont été écrites,
et chacun peut apprécier aujourd'hui si j'avais mérité

_____

(*) La création de Cent Millions d'Obligations à 10 0/0 est
encore plus compromettante pour les Actionnaires que ne
l'aurait été une nouvelle émission d'actions.

d'être traité de *libelliste* et accusé de *mauvaise foi*, de *déraison* et *d'ignorance*, parce que j'avais conseillé, non à ceux qui ont de l'argent à perdre, mais *aux petites bourses*, de s'abstenir d'aventurer leur maigre avoir dans une entreprise pleine d'inappréciables éventualités et dans laquelle un revenu de 20 0/0 me semblait être énoncé avec quelque légèreté.

J'avais mis en doute que le Canal se fît pour les 200 Millions qui constituent le Capital de la Compagnie tandis que M. de Lesseps soutenait avec assurance, qu'il ne coûterait, y compris le Canal d'eau douce, que .... F. 162,550,000 » »

A cette somme il ajoutait pour les intérêts, à 5 0/0, à fournir aux Actionnaires pendant les 6 ans que devaient durer les travaux, commencés le 25 Avril 1859................... » 22,450,000 » »

Formant un total de................ F. 185,000,000 » »

Or voici que dans une Assemblée Générale, tenue le 2 Juin 1868, le même M. de Lesseps, vient apprendre à ses Actionnaires qu'en faisant remonter les dépenses à 1854, soit à quatre ans avant la constitution de la Société, il a été dépensé jusqu'à la fin de 1867 (*).. F. 288,306,840 » »

(*) Il résulte du rapport de M. de Lesseps du 2 Juin 1868 que depuis sa création la Compagnie a eu en recettes pour place-

A cette somme il faudra, suivant M. de Lesseps, ajouter environ 130 Millions pour achever les travaux et payer les intérêts, primes et remboursements qui seront dus aux Actionnaires et aux Obligataires. M. de Lesseps n'a pas énoncé dans son rapport ce chiffre de 130 Millions, mais il a dit que l'actif au 30 Avril 1868, était de.................................... F. 58,039,076 » »
et qu'il restait à recouvrer de l'emprunt.................................... » 71,407,800 » »

Total.................. F. 129,446,876 » »

Il faut donc admettre qu'il y a *au moins* encore 130 millions à dépenser avant d'en arriver à l'achèvement complet des travaux, car on n'emprunte pas à 10 0/0 pour garder l'argent en caisse.

Je ne fais certes pas un crime à l'honorable M. de Lesseps de s'être ainsi trompé dans la proportion du simple au double, mais je trouve qu'il a agi avec peu d'esprit de justice en faisant insulter dans son

---

ments de fonds, produits divers et transports. F. 19,647,000
et que la vente du domaine *Ouady* a produit.... » 7,625,000

Si au lieu de faire un Canal maritime de 8 mèt., M. de Lesseps avait créé un simple Canal de cabotage et le Canal d'eau douce, il n'aurait pas eu à retrocéder au Pacha le plus beau fleuron de sa couronne et au lieu de oréer des Obligations qui ruinent les Actionnaires, il les aurait enrichis ; le résultat de l'*Ouady* le prouve assez.

Il y aurait peut-être eu moins de gloire, mais à coup sûr beaucoup plus de profit.

journal ceux qui, tout en rendant un éclatant hommage à son caractère et à ce que son entreprise a de flatteur pour l'amour-propre national, ont cherché à en éloigner *les petites bourses*, parce qu'ils prévoyaient la possibilité de grandes erreurs dans des estimations trop superficiellement établies et dont beaucoup étaient impossibles à faire.

J'aimerais à savoir combien sur les F. 2,991,435,27 portés en compte par M. de Lesseps pour dépenses antérieures à la constitution de la Compagnie ET FRAIS DE SOUSCRIPTION il a été payé aux journalistes pour *chauffer l'affaire* et empêcher toutes observations critiques de se produire dans le public (*).

Mais que le Canal coûte 400 millions ou 500 millions et qu'il soit *achevé*, en 1870 ou seulement en 1871 il est aujourd'hui certain qu'il s'achèvera; et il est certain aussi que ce magnifique travail immortalisera le nom de son illustre fondateur.

La question pour toi, mon cher ami, n'est pas là, elle est dans *ce que seront les revenus du Canal*, et c'est sur ce point qu'il faut porter toute ton attention avant de te décider entre: acheter des *Actions*, ou souscrire des *Obligations*. Si ces revenus devaient être de 40 millions net *au moins*, comme M. de Lesseps l'a dit à M. Larrabure, lequel a dit qu'il ne les garantissait pas, il n'y aurait pas à hésiter à donner la préférence aux *Actions*, surtout pouvant les obtenir sensiblement au-dessous du pair, mais tu vas voir ce que vaut ce chiffre fourni à l'honorable député par la Compagnie de Suez.

(*) Le rapport de M. de Lesseps du 2 Juin 1868 apprend que les *frais d'emprunt* ont déjà coûté F. 665,378,52 sans parler de ce qu'il y aura encore à dépenser pour cet objet en *réclames* et en commissions aux intermédiaires.

Quand, en 1858, les prospectus du percement de l'Isthme de Suez furent lancés d'une manière si retentissante dans le monde entier, M. de Lesseps annonçait aux souscripteurs « *que le revenu de la Compagnie serait de quarante millions,*» d'où, ils ont nécessairement dû conclure qu'ils auraient 20 0/0 sur le capital de 200 millions ; mais on avait oublié de leur dire que ces 40 millions étaient un produit brut dont le *net* se réduisait comme suit pour les actionnaires :

RECETTES

3,000,000 tonneaux de navires à F. 10	F.	30,000,000
Droit d'ancrage F. 1 sur 1,500,000 tonneaux	»	1,500,000
Produit des Dunes	»	1,000,000
	F.	32,500,000

A cette somme, M. de Lesseps ajoutait .... » 7,560,000

dont pour le produit du Canal d'eau douce .... F. 1,560,000
et pour *la location* de 24,000 hectares de terre le long de ce canal, à F.250 l'hectare .... » 6,000,000
F. 7,560,000

Total............... F. 40,060,000
et il déduisait pour frais d'entretien et d'administration .... » 1,202,000
Restait............... F. 38,858,000

Report.................... 38,858,000

mais cette somme n'était pas à répartir
en entier aux Actionnaires, il y avait à
en déduire : pour les intérêts 5 0/0 .... »   10,000,000

F.   28,858,000

Dont à déduire :

1o 15 0/0 au gouvernement Egyptien
2o 10 0/0 aux Fondateurs
3o   3 0/0 aux Administrateurs
4o   2 0/0 pour la Caisse des Retraites

30 0/0   soit............................ »   8,657,000

Restait pour dividende.................... F.   20,201,000
faisant, avec l'intérêt, 30 Millions pour les Actionnaires,
et non 40 Millions que l'on avait fait miroiter à leurs
yeux dans les prospectus, sans dire qu'il s'agissait *d'un
produit brut.*

Si les Actionnaires pouvaient compter sur ces
30 Millions, leur donnant 15 0/0, ils ne seraient
certes pas à plaindre; mais des.............. F.   38,858,000
chiffrés ci-dessus par M. de Lesseps, il
faut déduire .... »   7,560,000
pour revenus attribués au Canal d'eau
douce et aux terres qui le bordent;
le tout ayant été, suivant arbitrage
de l'Empereur, retrocédé au Pacha
lequel a payé cette retrocession 84
millions; et de ces............................... F.   31,298,000
il faut encore déduire les..................... »   20,000,000
annoncés dans le rapport de M. Larra-

F.   11,298,000

2

Report...................... 11,298,000

bure au Corps Législatif devoir former
la différence entre le *brut* et le *net* des
revenus, par suite du service des Obligations et des frais d'entretien et d'Administration, à Paris et en Egypte;
resterait donc pour les Actionnaires F. 11,298,000
soit 5 $\frac{1}{2}$ %.

Mais, si au lieu des 3,000,000 tonneaux de navires supposés par M. de
Lesseps devoir passer par le Canal, et
formant la base du revenu des Actionnaires, il n'en passait que 1,800,000 tonneaux, ces pauvres Actionnaires seraient
fort à plaindre, car il faudrait réduire
le revenu d'une somme de...................... » 12,000,000
et ils auraient alors: MOINS QUE RIEN !

En supposant un passage de 1,800,000 tonneaux
par le Canal je me crois, cher ami, *au-delà de la réalité*,
car cela ferait près de 5,000 tonneaux en moyenne
PAR JOUR, et comme il ne peut guère être question
que de navires à vapeur pour la navigation si difficile et
si dangereuse de la mer Rouge, il est très évident que de
bien longtemps ce chiffre ne saurait être atteint (*).

(*) Dans le journal l'*Isthme de Suez*, qui est le journal de
M. de Lesseps, on lisait le 25 octobre 1858, page 528, l'extrait
suivant du *Morning Chronicle :*

« Mais comme il a été dit par lord Palmerston, dans la
» Chambre des Communes, que le Canal ne pourrait être fait
» qu'avec des frais qui enlèveraient tout espoir de profit, nous
» pouvons nous départir de notre réserve ordinaire pour faire

Tous ceux qui ont écrit sur le Canal de Suez, même dans le sens le plus élogieux, M. Roussin dans la *Revue des Deux Mondes*, le duc de Saint-Albans dans le *Times*, et divers autres dont les noms m'échappent, n'ont admis que *la navigation à vapeur* pour remonter la mer Rouge et traverser le Canal, et une haute Commision nommée *ad hoc* par le Roi de Hollande a été bien plus loin encore, puisqu'elle a établi par des chiffres irréfutables que les seuls navires à vapeur partant de la Méditerranée pour l'Inde ou en revenant, auraient avantage à passer par le Canal de Suez, en payant tribut à la Compagnie de M. de Lesseps, tandis que la navigation à vapeur entre le Nord de l'Europe et l'Inde ou la Chine continuera, comme celle à voiles, à aller par le Cap de Bonne Espérance, en économisant les F. 10 par tonneau qui seront exigés pour traverser le Canal et qui constituent aujourd'hui tout son revenu.

» observer qu'un droit de moins de dix shellings par tonneau » donnera, AVEC UN PASSAGE MOYEN DE DEUX NAVIRES PAR JOUR, » un revenu qui, après le paiement des frais d'entretien, pro- » duira au moins dix pour cent aux Actionnaires. »

Le journal l'*Isthme de Suez* ajoute :

« Ces réflexions du *Morning Chronicle* sont TRÈS SENSÉES, et » nous remercions le journal anglais de la nouvelle preuve de » sympathie qu'il a bien voulu nous donner. »

Le journal de M. de Lesseps, on le voit, remercie le *Morning Chronicle* d'avoir estimé *à deux par jour* le nombre de navires devant, en moyenne, passer par le Canal de Suez or :

$$2 \times 365 = 730 \times 500 \text{ T.} = 365{,}000 \text{ Tonneaux,}$$

lesquels à F. 10 par tonneau, donneraient au Canal un revenu de F. 3,650,000 !

Le *Morning Chronicle* n'aurait-il pas pu répondre aux remercîments du journal de M. de Lesseps : *il n'y a pas de quoi ?*

En voila assez, ce me semble, pour t'édifier sur la valeur probable des Actions de la *Compagnie de Suez*, quand l'argent des Obligataires cessera de leur servir les F. 25 d'intérêts auxquels elles n'ont droit que *tant que le Canal ne sera pas achevé.*

Un Obligataire, disait l'autre jour devant moi: « ah
» ça, M. de LESSEPS se figure-t-il que notre argent doit
» servir à fournir des intérêts aux Actionnaires et à
» être pour eux ce qu'était jadis pour les Israélites la
» Manne dans le désert, avec la seule différence que
» ceux qui en recueillent beaucoup n'en donnent pas à
» ceux qui en ont moins. »

Les Obligations elles-mêmes me semblent loin d'avoir la garantie d'être intégralement servies en *intérêts, primes* et *remboursements* trimestriels, car, ainsi que je te l'ai fait remarquer, il résulte du rapport de M. Larrabure qu'il faut pour cela 20 millions par an, ce qui suppose un passage de navires de 2,000,000 tonneaux et s'il n'y en avait que 1,000,000 soit 2,740 tonneaux PAR JOUR, (*) où en seraient non-seulement les Actionnaires, mais même les Obligataires?

Tu me diras que si M. Larrabure a chiffré les frais annuels de la *Compagnie de Suez* à 20 millions à déduire du brut pour faire le net, il a dit aussi que M. de Lesseps lui a dit que ce *brut* sera *de 60 millions au moins*; à quoi je te répondrai, que l'honorable député de Pau serait bien habile s'il pouvait expliquer comment M. de Lesseps, qui estimait le revenu brut de la Compagnie à 40 Millions, alors qu'il pouvait y comprendre les 7,500,000 du Canal d'eau douce et des terres irrigables, peut, aujourd'hui qu'il a dû renoncer à ce revenu pour se procurer 84 millions de capital, estimer le revenu

---

(*) 2,740 tonneaux × 365 jours = 1,000,000 tonneaux.

brut à 60 millions, ce qui suppose un passage de 6,000,000 tonneaux par le Canal, soit plus de SEIZE MILLE TONNEAUX DE NAVIRES PAR JOUR! (*)

Si après avoir épuisé son premier cent de millions d'Obligations, M. de Lesseps avait à faire appel au public pour une nouvelle émission, je ne désespérerais pas de le voir annoncer que les revenus du Canal seront de QUATRE-VINGT MILLIONS. Le procédé, comme tu le vois, est des plus simples, et me rappelle tout-à-fait celui employé par mon frère de lait, Nicolas Le Gros, fils d'un fermier de mon père et aujourd'hui marchand de bœufs à Brives-la-Gaillarde. Ce brave garçon vint un jour me trouver et me dit : « M. Louis, je ne gagne » pas assez à ne mener que 20 ou 25 bêtes à la fois à » Paris. Si vous, qu'êtes riche, voulez avancer cinq mille » pistoles je ferai chaque mois un voyage avec 100 » bœufs et nous partagerons le bénéfice. Tenez, me dit-il, en me tendant un papier sur lequel il avait griffonné des chiffres, « j'ai calculé que ça ferait cinq mille » francs par tournée ou soixante mille francs par an » à partager, ce qui serait bien gentil, pas vrai? et avec » ça je pourrais épouser Lisette que son vieux grigou » de père ne veut pas me donner, bien qu'elle en sèche » sur pied la pauvre fille, parce qu'il dit comme ça que » mon commerce ne me donne pas assez par rapport » aux enfants. »

Très confiant dans l'honnêteté de Nicolas et très-désireux de faire son bonheur, tout en plaçant à si bel

---

(*) En supposant les navires de 500 tonneaux cela ferait 32 navires par jour qui, à 100 mètres de longueur par navire, formeraient, avec les remorqueurs, une ligne de 4 kilomètres au moins ce qui ne laisserait pas que de faire un joli convoi!

intérêt une cinquantaine de mille francs que j'avais justement disponibles, je pris le papier et lui promis une réponse pour le lendemain, ayant pour principe que pour toute affaire de quelqu'importance il faut se donner une nuit de réflexion.

En examinant les chiffres, aussi mal alignés que mal formés, de mon amoureux, j'ai trouvé qu'il avait, dans une addition, pris un 3 pour un 8, ce qui réduisait le bénéfice à *zéro*.

Je rendis à Nicolas son *prospectus* en l'exhortant à apprendre à mieux écrire s'il voulait un jour obtenir Lisette, mais mon gaillard n'était pas homme à se décourager pour si peu. Dès le soir il m'a apporté un nouveau compte présentant toujours un bénéfice de cinq mille francs. « Comment, lui dis-je fort étonné, tu n'avais donc pas fait erreur » ? « oh ! que si que je
» m'étais trompé, » reprit-il le plus tranquillement du
» monde, « mais, voyez-vous, M. Louis, j'ai pensé que je
» pouvais bien réduire 25 fr. sur l'achat et ajouter autant
» pour la vente, alors ça nous ferait toujours cinq mille
» francs à partager, et Lisette dit que ça doit vous con-
» venir ! »

On est surpris de voir M. de Lesseps offrir en garantie hypothécaire aux souscripteurs des *Obligations* émises par la Compagnie du Canal de Suez, 10,270 hectares de terrain dont cette Compagnie n'a que la jouissance et non la propriété et qui, pour la très-majeure partie, ne sont que des sables absolument improductifs.

Cette improductivité n'a sans doute pas d'importance, en considérant ces terrains *comme terrains à bâtir*, mais en calculant, l'un dans l'autre, 400 mètres comme l'espace occupé par une maison, il faudrait en construire plus de 250,000 pour occuper les 10,270 hectares auxquelles M. de Lesseps attribue une valeur de plusieurs centaines de millions!

Ce *miroitement* de tant de millions est d'autant plus étrange qu'en ce moment même M. de Lesseps, *propose* au Vice-Roi de modifier la sentence arbitrale rendue par l'Empereur, et de vendre, à profit commun, les terrains dont la Compagnie a la jouissance *et le Pacha la propriété;* il ajoute: *si l'on se maintient dans la situation actuelle, il n'y a profit pour personne.*

Ainsi, suivant son propre dire, c'est ce *profit pour personne* que M. de Lesseps offre en garantie aux Obligataires, en attendant que le Vice-Roi ait, par suite de négociations avec les puissances, modifié la condition des sujets étrangers établis en Egypte.

Ne te laisse donc pas étourdir, mon cher ami, par *tout ce bruit de millions,* qui n'a, en ce moment du moins, aucune signification et ne constitue à mes yeux, en tant que garantie, qu'un véritable billet de La Châtre.

Les 30° de chaleur sous l'influence desquels je t'écris, cher ami, me font vivement désirer de déposer la plume, mais je suis forcé d'ajouter encore quelques mots afin de mettre à couvert ma responsabilité de donneur de conseils. Le Canal achevé, les Actionnaires ne toucheront plus d'intérêt, pris à même du capital, et ils n'auront droit qu'à ce qu'il pourra y avoir de bénéfices *après vingt millions* payés pour frais d'entretien et d'Administration et pour le service des Obligations.

Ainsi s'il y avait trente millions de revenu, *les Actions* auraient dix millions; soit 5 0/0.

S'il n'y avait que vingt millions, *les Actions* n'auraient rien du tout et tomberaient *à zéro* comme tant et tant d'autres actions. S'il y avait moins de 20 millions, non-seulement les Actions n'auraient rien, mais les engagements pris vis à vis *des Obligataires* ne pourraient être intégralement remplis. Dans mon opinion, ce sera cette dernière hypothèse qui se réalisera, et par cette raison, si j'étais actionnaire, je ne tarderais pas un instant à me défaire de mes Actions, tandis que j'hésiterais à les remplacer par des Obligations, si la *Compagnie du Canal de Suez* n'avait dans son sac *un bon billet* dont il est temps de parler.

Le percement de l'Isthme de Suez est une entreprise très populaire en France, parce qu'elle flatte beaucoup, et à juste titre, l'amour propre national.

Si on se permet d'émettre des doutes sur les avantages financiers qu'elle peut présenter à ses Actionnaires, tout le monde vous répond que c'est là une question secondaire, que, si ce n'est pas une bonne affaire, c'est au moins une très belle conception, que la France est assez riche pour payer sa gloire, etc., etc.

C'est parler d'or *pour ceux qui ne sont pas Actionnaires,* ou pour ceux qui, étant Actionnaires, ont fait le sacrifice de leurs actions sur l'autel de la patrie ; mais à côté de ces nobles candidats au prix Monthyon, il y a les Actionnaires qui, *confiants dans les dire de M. de Lesseps,* ont compté faire dans la Compagnie de Suez un placement sérieux dont ils souffriraient d'être privés ; ceux-là diront que c'est dans leurs mains que la France doit payer sa gloire, vu que ce n'est pas aux seuls Actionnaires à en faire les frais.

M. de Lesseps, sur lequel rejaillit très justement

la popularité de son œuvre et qui passe de plus pour être très bien en Cour, ne manquera pas d'user de son crédit en faveur de ses Actionnaires, et quand il verra venir le moment où ils n'auront plus rien à prétendre sur l'argent fourni par les Obligataires, il demandera probablement à l'Etat d'accorder une garantie d'intérêts au Capital ACTIONS. Que répondra l'Etat? Il dira à M. de Lesseps, comme la commission dont l'honorable M. Larrabure a été l'organe (*), que toute la France a les plus vives sympathies pour la Compagnie de Suez, mais que cette Compagnie n'étant pas une Compagnie Française régie par les lois Françaises, mais une *Compagnie Universelle,* régie par la loi Egyptienne, les plus hautes considérations politiques commandent au gouvernement Français de ne prendre aucune ingérence ni aucune part à ses combinaisons financières. Ceci serait peu réconfortant si l'Etat ne disait aussi qu'il est prêt à négocier diplomatiquement, une convention internationale, garantissant un intérêt, disons de 3 0/0, aux Actionnaires du Canal de Suez, chaque pays payant cette garantie dans la proportion où son pavillon aura franchi le Canal dans le courant de l'année.

Les nations maritimes se sont bien entendues pour assurer la navigation des bouches du Danube, pourquoi n'en feraient-elles pas de même pour celle du Canal de Suez, en profitant de l'occasion pour consacrer sa neutralité par une garantie solennelle et collective, comme le propose si excellemment le rapport de M. Larrabure ?

(*) La commission n'a fait que reproduire ce que le gouvernement avait dit dans l'*Exposé des Motifs* de la loi autorisant la Compagnie de Suez à émettre des Obligations avec loterie.

Les Anglais, tu le sais, sont avant tout un peuple généreux. Jusqu'ici ils n'ont rien fait pour favoriser le percement de l'*Isthme de Suez* (*), qui doit leur profiter, politiquement et commercialement, bien plus qu'à n'importe quelle autre nation ; et étant bien trop fiers pour vouloir récolter là où ils n'ont pas semé, leur concours est assuré pour une convention de garantie d'un minimum d'intérêt aux Capitaux qui se sont vaillamment exposés dans une œuvre aussi utile que hardie et si difficile à accomplir que l'on a vu l'Ingénieur dont l'Angleterre a peut-être le plus justement le droit de se glorifier, la déclarer impraticable.

Que M. de Lesseps, au lieu de perdre son temps à faire en France d'innombrables conférences pour chatouiller l'amour-propre national et se procurer des ovations bien méritées, retourne en Angleterre recommencer la série de ses *meetings*, qu'il sollicite le concours du duc de Saint-Albans, ainsi que celle de la presse anglaise et qu'il prépare ainsi le chemin à la diplomatie Française. Il le doit à ses Actionnaires qu'il a mis dans une bien fâcheuse position et il se le doit à lui-même s'il ne veut pas éprouver qu'entre un Actionnaire auquel on promet 20 0/0 et un Actionnaire réduit à faire des cigarettes avec ses titres d'actions, il y a souvent la distance qui existe entre le Capitole et la roche Tarpeienne.

L'éventualité d'une garantie d'intérêt est donc, à mon avis, *à faire entrer en ligne de compte* et elle empê-

---

(*) Les Anglais ont souscrit des Actions pour F. 2,000,000
Les Français pour...................................... » 110,000,000
Le gouvernement Égyptien, etc, pour............ » 88,000,000
Total..... .... F. 200,000,000

Le gouvernement Égyptien étant intéressé pour 2/5mes est tenu, ce semble, de fournir sa part du capital nécessaire pour achever le Canal.

chera probablemént les Actions de tomber au-dessous
de certaines limites; mais cette garantie étant plus ou
moins une affaire de charité on l'obtiendrait diffici-
lement pour plus de 3 0/0; et *les Actionnaires* ne pouvant
rien toucher tant que les engagements de la Compagnie
envers *les Obligataires* n'auront pas été remplis, il me
semble, mon cher ami, qu'il n'y a pas besoin de beaucoup d'arithmétique pour trouver qu'un placement dans
la Compagnie du Canal de Suez est moins aventuré
et plus avantageux en le faisant sous forme d'*Obligations*
que sous celle d'*Actions*.

On commet une grande erreur en voulant compa-
rer les magnifiques résultats du chemin de fer d'Aspinwall à Panama avec ceux à espérer du Canal de Suez.

Le chemin de fer d'Aspinwall *créait* une communi-
cation de très grande importance, là où il n'en existait
pas et il ne venait pas en concurrence avec un Canal
existant, comme le Canal de Suez vient en double emploi avec le chemin de fer qui depuis bien des années
déjà traverse l'Isthme de Suez.

J'aurais compris l'immense importance du percement de l'Isthme de Suez *il y a quarante ans*, alors qu'une
simple lettre avait à doubler le Cap de Bonne-Esperance
pour aller de l'Europe dans l'Inde; mais je hausse les
épaules quand j'entends dire, pour faire mousser l'entreprise, que le Canal de Suez « *favorisera les rapports*
» *de la religion et des idées entre l'Europe civilisée et la*
» *barbarie Asiatique* » ou encore « *qu'il portera l'Evangile*
» *dans l'Inde* » mieux que ne le fait le chemin de fer
de Suez. Ces phrases, d'autant plus sonores qu'elles sont
plus creuses, ne sont pour moi que du véritable
humbug.

Personne n'a, ce me semble, mieux caractérisé l'œuvre de M. de Lesseps que M. Alloury dans le *Journal des Débats*; il a dit en effet:

.... « A tous ces titres, nous ne pouvons que le
» répéter, le Canal de Suez n'est pas une entreprise
» comme une autre, c'est une idée; il appartient à
» l'ordre intellectuel et moral autant qu'à l'ordre in-
» dustriel, économique et financier; il relève de l'Insti-
» tut encore plus que de la Bourse. »

Rien de plus vrai; mais pourquoi alors charger la Bourse de le soutenir au lieu d'inviter *l'Institut* à s'en occuper ?

Le Canal de Suez sera incontestablement utile et il servira les intérêts politiques encore plus que les intérêts commerciaux. Le gouvernement anglais aurait été bien heureux de l'avoir pour faire sa glorieuse expédition d'Abyssinie et il ne manquera pas de s'en servir beaucoup, s'il a de nouvelles guerres à soutenir dans l'Inde.

Chacun sait dans quelles proportions sont dans l'extrême Orient les intérêts, politiques et commerciaux, de la France et ceux de l'Angleterre, et lorsque M. de Lesseps aura terminé son Canal, au prix d'un sacrifice de deux-cents Millions imposé à ses Actionnaires, si on ne leur vient pas en aide, il sera permis de se demander si l'entreprise, à côté de ce qu'elle a de grandiose et de flatteur pour l'amour-propre national, ne rappellera pas certaine fable qui fait toujours rire aux dépens de celui dont la patte servait à tirer les marrons du feu pour l'autre.

Quelques centaines de navires à vapeur, les trois

quarts probablement sous pavillon Anglais, franchiront l'Isthme tous les ans en bénissant M. de Lesseps et en payant avec joie à sa Compagnie les F. 10 par tonneau au-delà desquels l'acte de concession lui interdit de rien leur demander; mais croire que ces F. 10 seront payés sur un assez grand nonbre de tonneaux pour satisfaire à la fois les *Administrateurs,* les *Obligataires* et les *Actionnaires,* après avoir acquitté les frais d'entretien, c'est, à mon avis, se faire autant ou plus d'illusions que l'honorable fondateur s'en faisait lorsqu'il affirmait en 1858, dans ses livres, dans son journal et dans ses banquets, qu'il livrerait le Canal à la grande navigation en 1865 et qu'il ne coûterait que 185 à 200 millions, en y comprenant le précieux Canal d'eau douce, ainsi que les terres si fertiles qui le bordent, et qu'il a fallu céder au Pacha pour avoir 84 millions, devenus indispensables.

Je joins à cette longue lettre, mon cher Labiche, l'extrait du rapport de la haute commission chargée par le Roi de Hollande d'examiner les avantages que le Canal de Suez pourra avoir pour le Commerce Maritime de tout le Nord de l'Europe avec l'Inde et la Chine.

Je joins aussi des calculs de navigation, que j'avais établis, avec le concours de marins expérimentés, avant la réunion de la Commission Hollandaise, et que j'ai publiés en 1858 dans mes *Lettres sur le percement de l'Isthme de Suez*, pour prouver combien peu la navigation à voiles profitera du Canal de M. de Lesseps, et combien ses estimations de revenus me semblaient reposer sur une base peu solide.

Les personnes étrangères aux choses de la mer se figurent aisément, mon cher ami, que la longueur d'une navigation à voiles et les risques qu'elle présente, se mesurent *suivant les distances*; et par suite de cette grave erreur on s'est, je crois, gravement mépris sur le nombre de navires à voiles qui passeront par l'Isthme de Suez.

Du Cap de Bonne Espérance au Cap Lézard, à l'entrée de la Manche, il y a environ 2,000 lieues marines qui sont généralement franchies en 55 ou 60 jours par les navires à voiles.

De l'entrée de la mer Noire au même Cap Lézard, il n'y a que 850 lieues marines mais cette traversée dure néanmoins 70 à 80 jours; aussi tandis que les Compagnies d'Assurances ne prennent que 1 $\frac{1}{4}$ % pour venir du Cap de Bonne Esperance à Liverpool ou au Havre, ils exigent, même en bonne saison, 2 à 2$\frac{1}{2}$ % si, pour la même destination, le navire vient de la mer Noire.

Pour prendre un exemple plus direct et plus frappant je te dirai qu'il y a 4,400 lieues marines du Canal de Bristol à Aden, à l'entrée de la mer Rouge, et que les Assureurs couvrent ce risque à 1 $\frac{1}{2}$ % tandis qu'ils exigent 3 % si le navire va à Suez, à l'autre extrémité de la mer Rouge, bien que de Aden à Suez il n'y ait que 320 lieues marines; ce qui indique très clairement combien est dangereuse, pour la navigation à voiles, cette mer, étroite et semée d'éceuils de corail, dans laquelle des vents de Nord, parfois très forts, règnent neuf mois de l'année.

Une autre erreur très commune dans le public, c'est que la marine marchande à voiles est en train de se transformer en marine à vapeur.

Cette transformation n'existe que pour le cabotage ou pour des voyages de courte durée, dès qu'il s'agit de traversées de 20 jours ou au-delà, les essais tentés ont généralement échoué, lorsqu'il n'y a pas eu de subventions pour les soutenir.

Il y a sans doute des navires à vapeur qui vont de Liverpool à la Nouvelle-Orléans, au Brésil, dans la Plata et même dans la mer du Sud, mais on m'a assuré qu'aucune de ces entreprises ne donne de bénéfices et qu'elles sont plutôt des « *loosing concerns.* »

Je suis peu surpris de ces résultats négatifs, car, lorsqu'on ajoute à un navire à voiles de 800 tonneaux de jauge et de 1,200 tonneaux de port, une machine auxiliaire de 150 chevaux, on porte à F. 625,000 une mise dehors qui sans la machine n'aurait été que de F. 400,000; et si on embarque du charbon pour 20 jours de consommation, on réduit le port en marchandise à 800 tonneaux.

Pour le navire en fer à voiles les frais annuels, en intérêts de fonds, assurances, amortissement, gages, vivres et entretien s'élèvent au plus, à F. 120,000, lesquels divisés par 1,200 tonneaux donnent F. 100 par tonneau comme prix de revient du fret.

Pour le même navire, avec machine à vapeur de 150 chevaux, les frais annuels, y compris 1,200 ton. de charbon, (achetés en moyenne à fr. 36, et représentant seulement 67 jours de marche à vapeur dans l'année) huile, suif et autres accessoires, intérêts de fonds, assurances, amortissement, gages, vivres, entretien, etc., seront de F. 220,000, lesquels divisés par 800 ton. marchandises donnent F. 275 par tonneau, comme prix de revient du fret.

Les recettes seraient-elles augmentées dans cette proportion, soit par le taux du fret obtenu, soit par le plus grand nombre de voyages effectués ? là est toute la question et sa solution, ne reposant que sur des hypothèses, échappe au calcul.

Tu vois donc, mon cher Labiche, combien il serait peu prudent de baser un espoir de bénéfices pour les Actionnaires sur la prétendue *transformation de la marine marchande à voiles en marine à vapeur.*

Le Canal de Suez terminé il se fera probablement plus de Navires à vapeur que s'il n'avait pas été creusé ; mais il est aussi plus que probable que ni toi ni moi n'en verrons passer assez pour arriver à donner un dividende quelconque aux Actionnaires.

Je ne demande pas mieux que de me tromper dans mes appréciations et de voir les Actionnaires, encore plus satisfaits que les Obligataires, rire à leur aise à mes dépens, m'accusant: *d'ignorance* et de *déraison* si cela leur plaît; mais j'ose espérer que, plus équitables que ne l'a été à mon égard le journal de M. Lesseps, pas un ne m'accusera de *mauvaise foi* ; c'est tout ce que je demande.

ton affectionné,

MARTINET.

P. S. — Si tu vas à Paris au siége de la Compagnie du Canal de Suez, pour souscrire *des Obligations*, fais-moi le plaisir de t'informer de ce que signifie une somme de F. 5,074,300 indiquée dans le dernier Rapport de M. de Lesseps, comme *solde à recouvrer sur les Actions.*

Les Actionnaires ont dû verser leur dernier terme le 15 Juillet 1866 ; et l'art. 14 des Statuts dit : . .

« A défaut de versement aux époques déterminées,
» l'intérêt est dû pour chaque jour de retard à raison
» de 5 0/0 l'an.

» La Société peut en outre faire vendre les Actions
» dont les versements sont en retard. »

(Suit le mode de vente et de remplacement par des titres nouveaux de ceux dont les titulaires n'auront pas rempli leurs engagements).

« Les mesures qui font l'objet du présent article
» n'excluent pas l'exercice simultané par la Société,
» si elle le juge utile, des moyens ordinaires de droit
» contre les Actionnaires en retard. »

La Compagnie étant réduite à emprunter à 9 ou 10 0/0 perd très évidemment par l'absence dans sa caisse de ces F. 5,074,300 au moins .... F. 450,000

Or elle ne peut exiger des Actionnaires *en retard* que 5 0/0, soit .... » 250,000

La perte sèche annuelle pour les Actionnaires qui ont payé intégralement leurs actions, est donc au moins de.......... F. 200,000

et on peut se demander à bon droit, comment M. de Lesseps *ne juge pas utile* de faire rentrer ce qui est dû à la Société. A voir son inaction, on dirait qu'il craint de *réveiller le chat qui dort.*

Procure-moi, je te prie, quelques détails sur ces 5,074,300, car tu sais combien j'aime à y voir clair.

3

Oblige-moi aussi de passer chez l'éditeur Dunod, afin de t'informer s'il est exact qu'un honorable inspecteur des Ponts-et-Chaussées, commandeur de la Légion-d'Honneur, aurait publié tout récemment chez lui, dans le *quatrième supplément* de je ne sais trop quel écrit, *que la date la plus rapprochée que l'on puisse sérieusement prévoir pour l'ouverture de la grande navigation à travers le Canal de Suez est* 1871.

Parachever le Canal en 1869 ou en 1871 peut faire une différence de deux ans, et chaque année coûte à la Compagnie 20 Millions, à payer aux Actionnaires et aux Obligataires, sans parler de très notables frais d'Administration. On pourrait ainsi arriver assez vite à une seconde émission d'Obligations, surtout si, confiants dans la mansuétude des Administrateurs de la Compagnie de Suez, un certain nombre des Souscripteurs de la première série d'Obligations se mettaient aussi *en retard* pour leurs versements. En tout cas, la Compagnie fera sagement de ne pas briser la planche aux Obligations, bien que la Loi qu'elle vient d'obtenir ne l'autorise à en émettre que pour Cent Millions, mais bien entendu, *sauf à extendre*; car M. Larrabure dit dans son rapport. « *De quelque manière qu'on envisage aujour-* » *d'hui cette affaire, sa bonne fin devient pour nous un* » *intérêt national. Nous espérons que les hautes fortunes* » *du pays s'inspirant d'un sentiment patriotique croiront* » *devoir accorder à la Compagnie le concours qui lui est* » *nécessaire. Quel plus noble usage feraient-elles de leur* » *puissance financière ?* »

Voilà qui est parler ! mais je crains qu'en joignant au sentiment patriotique un placement à 10 0/0 l'honorable député des Basses-Pyrénées n'ait nui à la souscription; car telle puissance financière qui aurait été disposée à souscrire quelques cent mille francs, *par pur patriotisme*, ne voudra pas paraître chercher seulement un placement avantageux.

C'est si délicat, vois-tu, de mettre ainsi dans le même plateau de la balance le patriotisme et l'intérêt. J'aurais souscrit une et peut-être même deux Obligations sans les malheureux 10 0/0, mais je rougirais, comme un jeune homme sans fortune, demandant la main d'une riche héritière, si j'avais l'air de mordre à un semblable appât; aussi je m'abstiens.

COMPOSITION DE LA COMMISSION

Le président de la Société de commerce des Pays-Bas;

Les présidents des Chambres de Commerce de Amsterdam, de Rotterdam, de Dortdrecht, de Middelbourg et de Harlingen;

Le secrétaire de la Société de commerce des Pays-Bas;

L'ancien président des Factoreries de Batavia;

Le principal constructeur de machines à Amsterdam;

Le directeur d'une grande Compagnie de bateaux à vapeur;

Deux professeurs des Universités de Lëyde et de Delft;

Et enfin, le célèbre ingénieur hollandais M. Conrad, le même qui a été président de la commission d'ingénieurs envoyée par M. de Lesseps en Egypte.

Suivant cette Commission un navire à voiles de 800 tonneaux, monté de 25 hommes, met en moyenne :

Du cap Lézard au détroit de la Sonde (*)	84 jours	4/10es
Et mettrait par Suez	90 —	5/10es
Soit en plus par Suez	6 jours	1/10e

Le même navire met pour le retour du détroit de la Sonde au cap Lézard :

au cap Lézard	94 jours	5/10es
Et mettrait par Suez	110 —	—
Soit en plus par Suez	15 jours	5/10es

(*) Les découvertes nautiques du lieutenant Maury ont abrégé l'ancienne route de 15 jours environ.

Un navire à voiles *clipper*, c'est-à-dire très mâté et spécialement construit pour une grande marche, met en moyenne, du cap Lézard au détroit de la Sonde :

Par le Cap de Bonne-Espérance................ 79 jours 4/10es
Et mettrait par Suez................................. 90 — 5/10es

Soit en plus par Suez............................. 11 jours 1/10es

Le même navire met pour le retour du détroit de la Sonde au cap Lézard :

Par le Cap .... 89 jours 5/10es
Et mettrait par Suez................................ 110 — —

Soit en plus par Suez............................. 20 jours 5/10es

Ces chiffres sont significatifs et prouvent que le canal de Suez fût-il fait, bien peu de navires à voiles, allant du nord de l'Europe ou de l'Amérique vers le détroit de la Sonde, c'est-à-dire allant à Java, à Sumatra, à Manille, en Chine, en Cochinchine, etc, ou en revenant, passeraient par le canal de Suez.

La Commission Hollandaise s'est aussi occupée des navires à vapeur. Elle a supposé, d'abord, des navires de 2,400 tonneaux, munis de machines auxiliaires à hélice de 200 chevaux, et elle a calculé l'emploi de la vapeur par la route du Cap et par celle de Suez. Elle estime le voyage du cap Lézard au détroit de la Sonde :

Par le cap de Bonne-Espérance à............ 71 jours 5/10es
Par le canal de Suez................................ 57 — 5/10es

Soit en moins par Suez............... 14 jours. —

Mais en consommant deux fois plus de charbon en allant par Suez qu'en allant par le Cap.

Le même navire est estimé mettre pour le retour du détroit de la Sonde au cap Lézard :

Par le cap de Bonne-Espérance	77 jours.
Par le canal de Suez..	60 —
Soit en moins par Suez..........................	17 jours.

Mais en consommant toujours deux fois plus de charbon en revenant par Suez qu'en revenant par le Cap.

La Commission Hollandaise a supposé ensuite les mêmes navires, munis de machines de grande puissance, soit de 600 chevaux, et elle dit qu'ils mettent du cap Lézard au détroit de la Sonde :

Par le cap de Bonne-Espérance	66 jours 5/10es
Et qu'ils mettraient, allant par le canal de Suez..	57 — 5/10es
Soit en moins par Suez..............	9 jours —

Le même navire est estimé mettre pour le retour du détroit de la Sonde au cap Lézard :

Par le cap de Bonne-Espérance...............	71 jours 5/10es
Par le canal de Suez..................................	60 — —
Soit en moins par Suez..............	11 jours 5/10es

Le navire à vapeur à grande vitesse ferait donc les deux traversées, aller et retour :

Par le Cap, en..........................	138 j.	consom.	2770 t.	charb.
Et par le canal de Suez, en.....	117 » 5/10es	»	2150 »	»
Différence en faveur de Suez	20 j. 5/10es	et	620 t.	charb.

Tandis que le même navire, avec machine auxiliaire de 200 chevaux, ferait les deux traversées, aller et retour :

Par le Cap, en..........................	148 j. 5/10es	consom.	480 t.	charb.
Par le canal de Suez, en..........	117 » 5/10es	»	1094 »	»
Différence en faveur de Suez..	31 j. —			

Différence en faveur du Cap, en consommation de charbon .... 614 t. (*)

(*) 614 Tonneaux de charbon coûtent en moyenne au moins 20,000 fr.

Il résulte de ces calculs :

1º Que les navires à voiles passeront rarement par le canal de Suez, etc ;

2º Que les navires à vapeur n'auront pas toujours avantage à y passer.

Il est hors de question de se servir des Navires à vapeur à grande vitesse pour le transport des marchandises de peu de valeur telles que, sucre, café, riz, graines oléagineuses, jutes, lesquelles forment la grande masse des marchandises à transporter.

Extrait : des LETTRES SUR LE PERCEMENT DE L'ISTHME
DE SUEZ ; AVIS AUX PEȚITES BOURSES : (1858)
par Frédéric de Coninck.

CINQUIÈME LETTRE

J'ai voulu me rendre compte, en ayant égard aux moussons, de la différence de durée probable entre les deux routes. J'ai, à cet effet, supposé deux navires, également bons voiliers, partant ensemble du détroit de la Sonde pour la Manche, l'un passant par le Cap, l'autre par le Canal de Suez, et j'ai trouvé que d'Octobre en Avril le premier mettrait du détroit au

Cap...............................	35 Jours.
Du Cap à Ste-Hélène............…:...........................	15 »
De Ste-Hélène en Manche...................................	55 »

Soit en tout.................	105 Jours.

L'autre navire mettrait dans la même saison, du détroit de la Sonde au détroit de Bab-el-Mandeb............

de la Sonde au détroit de Bab-el-Mandeb............	30 Jours.
Du détroit de Bab-el-Mandeb à Suez.................	30 »
Passage du Canal, supposé (*)...........................	5 »
De Port-Said en Manche (en n'étant pas trop	
contrarié dans le détroit de Gibraltar) ..	45 »

Soit en tout.................... ·	110 Jours.

Il n'y aurait donc aucun avantage à prendre le Canal de Suez dans cette saison là.

Dans l'autre saison, d'Avril à Octobre, le Navire allant par le Cap mettrait :

Du détroit de la Sonde au Cap...........................	45 Jours.
Du Cap à Ste-Hélène...................................	15 »
De Ste-Hélène en Manche..........	55 »

Soit en tout.................	115 Jours.

(*) Ce passage sera peut-être plus court.

Dans la même saison le navire allant par Suez mettrait:
Du détroit de la Sonde au détroit de Bab-el-

    Mandeb........ .... 40 Jours.

Du détroit de Bab-el-Mandeb à Suez................... 15 »

Passage du Canal... 5 »

De Port-Saïd en Manche.................................. 40 »

Soit en tout .... 100 Jours.

L'avantage serait de 15 jours en faveur du Canal; mais pour un navire de 500 Tonneaux, le passage du Canal coûterait 5,500 Fr., et tous les Armateurs préféreront 15 jours de plus de traversée à payer cette somme, qui représente 11,000 Fr. par mois (*).

Du 1er Octobre au 1er Avril, saison où se chargent les cinq sixièmes des Sucres à Maurice et à la Réunion, deux navires partant pour la Manche, l'un par le Cap, l'autre par Suez, le premier arrivera probablement en moins de 90 jours, tandis que celui par la Mer Rouge mettrait:

De Maurice, ou la Réunion, au détroit de Bab-

    el-Mandeb.................. .... 25 Jours.

Du détroit de Bab-el-Mandeb à Suez................... 30 »

Passage du Canal... 5 »

De Port-Saïd en Manche.................................. 45 »

Total .... 105 Jours.

Soit 15 jours *de plus* par le Canal de Suez que par le Cap de Bonne-Espérance!

D'Avril à Octobre, la traversée de Maurice en Manche par le Cap sera probablement de 95 jours, et celle par Suez de 90 jours, parce que la Mer Rouge sera remontée en 15 jours.

Ces calculs, qui peuvent être facilement contrôlés par n'importe quel Capitaine, prouvent que les navires à voiles partant de l'Inde ou de la Chine, ne passeront qu'exception-

(*) Le passage par la Mer Rouge augmenterait notablement les assurances.

nellement par le canal de Suez, et que cette route sera à peu près exclusivement réservée aux navires à vapeur (*).

Les seuls navires à voiles venant de la côte Malabar et allant à Trieste ou à Marseille auront avantage à passer par le canal de Suez plutôt que par le Cap de Bonne Espérance, mais cet avantage quel sera-t-il? M. de Lesseps dit que ces navires gagneraient *deux mois*. Je ne le crois pas, mais je l'admets.

Un navire de 1,000 ton. dépense par mois F. 3,000 en gages et nourriture d'équipage soit pour 2 mois.................... F. 6,000
Ce navire représente en moyenne, un capital de F. 300,000 sur lequel il faut compter par an 12 0/0 intérêts et amortissement = 36,000 et pour 2 mois.. » 6,000
L'usure des voiles, du gréement et du doublage (si c'est un navire en bois) peut être estimé à F. 18,000 par an, soit pour 2 mois.................................... » 3,000

Le navire gagnerait donc.... F. 15,000

S'il n'avait à payer :

1o A la Compagnie du Canal de Suez pour droits de passage et d'ancrage, sans parler des frais de remorquage et autres........................... F. 11,000

2o Aux assureurs augmentation de prime pour la Mer Rouge, 1 0/0............... » 3,000 » 14,000

L'avantage de la voie par le Canal de Suez serait donc réduit à.................................... F. 1,000

Soit par tonneau............. .... F. 1
M. de Lesseps a dit............. » 50

Entre les deux chiffres l'opinion de ceux qui peuvent apprécier la question prononcera.

(*) On a vu que la Commission Hollandaise fait ses réserves, même pour les navires à vapeur.

NOTES RELATIVES AU CANAL DE SUEZ

Le Canal a 148 kilomètres et doit avoir 80 mètres de largeur à la ligne d'eau avec 44 mètres de plafond et 8 mètres de profondeur.

La quantité totale de mètres cubes de déblais à faire était de...................... 74,112,000 M.

M. le Sénateur Leverrier a dit au Sénat, dans sa Séance du 30 Juin 1868, qu'au 1er Juin il avait été enlevé............ 42,291,000 »

et qu'il restait à enlever...................... 31,821,000 M.

Il a ajouté, que les travaux marchent aujourd'hui avec une grande rapidité et que du 1er Mai au 1er Juin 1868, 1,800,000 mètres ont été extraits.

Dans le même rapport il est rappelé que, de 1859 à 1866, la Compagnie de Suez à poursuivi ses travaux en Egypte, sans avoir obtenu la confirmation par le Sultan, des concessions faites en 1854 et en 1856 par le Vice-Roi d'Egypte à M. de Lesseps, à la condition expresse d'obtenir l'autorisation de la Sublime Porte, *avant de commencer les travaux* (*). Cette autorisation n'ayant été accordée que par un Firman du 19 Mars 1866, il en résulte que pendant plus de six ans la Compagnie du Canal de Suez, a bravé en Egypte l'autorité légitime du Sultan et il est bien permis de se demander si les difficultés politiques qui lui ont été suscitées ne doivent pas être attribuées à cette circonstance plus encore qu'à des menées assez inexplicables du gouvernement Anglais ; car qui croira jamais que Lord Palmerston n'a fait opposition au Canal de Suez, *que parce que cette voie nouvelle ne raccourcissait les communications des Ports d'Angleterre avec l'Inde que de 49 0/0*.

(*) Voir lettre du Vice-Roi du 19 Mai 1855.

tandis que pour la France le chemin se trouvait raccourci de 50, 51, 52 0/0, et pour l'Italie, l'Autriche, la Turquie, la Russie, etc., de 53 à 60 0/0 !

Voilà pourtant ce qui s'est dit en plein Sénat, le 30 Juin 1868, et le Moniteur apprend qu'à ce discours de M. le Baron Charles Dupin, il a été répondu par (*c'est cela ! très bien, très bien*).

Le rapport fait au Sénat par M. Leverrier rappelle encore que tous les terrains accordés à la Compagnie du Canal de Suez par les Actes de concessions de 1854 et de 1856 ont été retrocédés au gouvernement Egyptien par une sentence arbitrale de Napoléon III rendue le 6 Juillet 1864, et que la Compagnie a reçu de ce chef, 84 Millions dudit gouvernement.

Comment expliquer dès lors que M. de Lesseps, qui sait très-bien que les 10,264 hectares de terrains, *jugés nécessaires à l'exploitation et à la conservation du Canal*, ne peuvent pas être vendus au profit de sa Compagnie, les offre néanmoins *en garantie* à ses Obligataires en en chiffrant la valeur à des centaines de Millions. Que dirait-on d'un propriétaire auquel *l'usage* d'un champ aurait été concédé spécialement pour *l'exploitation et la conservation de sa propriété* et qui l'offrirait *en garantie* à ses prêteurs ?

M. de Lesseps aurait-il oublié que la sentence arbitrale de l'Empereur dit : « *Que la Compagnie ne peut*
» *avoir la prétention d'obtenir dans des vues de spéculation,*
» *une étendue quelconque de terrains, soit pour les livrer*
» *à la culture, soit pour y élever des constructions, soit*
» *pour les céder lorsque la population aura augmenté.* »

Si de ce côté il s'élevait de nouvelles difficultés entre la *Compagnie du Canal de Suez* et le Suzerain de l'Isthme, faudrait-il encore en accuser *la perfide Albion ?*

www.ingramcontent.com/pod-product-compliance
Ingram Content Group UK Ltd.
Pitfield, Milton Keynes, MK11 3LW, UK
UKHW021643090726
13657UKWH00004B/1734